AF466749

DES

# DOCTRINES

DU

# RAPPORT

SUR

# LE BUDGET DES RECETTES.

> La meilleure répartition des charges, serait celle qui *affranchirait* tous ceux qui n'ont que le nécessaire. (*Rapport sur le budget des recettes*, 1832.)

A PARIS,
A. PIHAN DELAFOREST,
IMPRIMEUR DE LA COUR DE CASSATION,
RUE DES NOYERS, N° 37.
1832.

Le ministre propose de degréver les tabacs de quatorze cent mille livres sterlings, les charbons de huit cent mille, les chandelles de quatre cent mille, les tissus de coton de cinq cent mille.

Les motifs en sont déduits en ces termes :

« L'objet que j'ai en vue, est de soulager autant que je puis, les classes laborieuses et misérables.

« Un grand secours sera apporté par la réduction du droit sur les tabacs ; cet article étant consommé par les plus basses classes de la société.

« La taxe des charbons frappe directement sur la classe laborieuse, en augmentant la dépense de son feu.

« Au nombre des taxes qui pèsent sur les classes inférieures, il faut comprendre la taxe des chandelles.

« Quant aux droits sur les cotons imprimés dont se servent les plus pauvres classes, il n'y aura sans doute nulle objection. »

Suivant le ministre, il résulte de ces réformes que le budget ne promet qu'un excédant de 500,000 livres sterlings applicables à l'amortissement en 1831.

Au lieu qu'en 1830 l'excédant montait à 2,000,0000 sterlings environ. (*De l'Amortissement*, 1831.)

Voyez l'Angleterre : voyez la France.

L'une avec son aristocratie intéressée sans doute, et du moins éclairée.

L'autre avec son oligarchie, de même disposée et pas de même dirigée.

Or que les peuples fassent choix.

« C'est le système administratif, ce chef-d'œuvre, selon M. Laffitte, de la révolution et de l'empire, qu'on détruit maintenant : dans le budget prochain, ce serait le gouvernement, c'est-à-dire l'amortissement, le système d'impôt, le crédit qu'on battrait en brèche. » (*Gazette de France*, 12 février.)

Il est trop vrai : et c'est fort simple.

Généralement, le pouvoir ne voit pas mieux, ne sait pas plus, celui-ci que celui-là.

A peine au faîte, les intrigues de salon et les brigues de chambre, le flattent ou le menacent, envahissent tous les emplois.

Comme nul motif valide n'y installe, le blâme légitime, l'envie naturelle, se révoltent.

Si bien que sans égard aux fonctions, et qu'en vue seulement des fonctionnaires, les services, les salaires sont dépréciés

En outre, la révolution ayant fait place nette, des nouveaux venus, les premiers venus, se sont élevés, établis.

Et les uns s'en choquent ou s'en moquent : et les autres ont à se plaindre, à se venger.

Et tous à peu près, estiment qu'ils sont assez gagnans, en gagnant beaucoup moins.

D'où encore advient la réduction des traitemens, à défaut de l'expulsion des titulaires.

C'est fort simple : et c'est très fâcheux.

Nul n'a à s'en réjouir ni dans l'une ni dans l'autre opposition : car après le triomphe de leurs vœux, quoi donc tiendrait au milieu du tourbillon anarchique ?

Cependant une cause plus puissante a agi ausi.

Un adversaire vient l'apprendre, trop tard sans doute.

« Nous sommes surpris que le ministère se montre si exaspéré pour quelques économies qui auront peu de portée. Il y avait un large système à adopter; le ministère a réussi à le faire écarter lors de la discussion sur l'amortissement. Maintenant on ne pourra plus qu'obtenir des réductions insignifiantes qui ne changeront rien au budget des voies et moyens. » (*Courrier français*, 12 février.)

Tu l'as voulu, peut-on dire au pouvoir.

Après tant de demandes d'allègement, tant de promesses de dégrèvement, les députés des provinces n'avaient plus qu'à se faire immatriculer bourgeois de Paris.

Il y avait un large système à adopter.

Il n'y a plus que des économies de peu de portée, que des réductions insignifiantes.

L'un ne s'est pas fait ; l'autre se fera.

Au moins ce sera donner preuve de bonne volonté aujourd'hui, et donner gage d'action efficace pour demain.

Immanquablement, s'accompliront les prophéties de la Gazette.

Dans le budget prochain, l'amortissement, le système d'impôt, le crédit seront battus en brèche; c'est-à-dire le gouvernement, selon la Gazette.

Certes, nombre de gens, étant fort loin d'adopter une telle définition du gouvernement, ni ne s'affligent, ni ne s'effraient du pronostic.

Même il en est qui sont tout ébahis, à voir les écrivains les plus distingués, tailler journellement la phrase, sur le patron d'une caduque idée.

Et vraiment, il y aurait pour eux, à tourner de tête, si c'était que le cabinet de 1832 en jugeât comme celui de 1824 :

Et qu'il entendît aussi, que le gouvernement, c'est l'amortissement, le système d'impôt, le crédit;

Et qu'en soutenant ces trois points, comme étant de l'essence du gouvernement, il provoquât ainsi la ruine du gouvernement en réalité.

Or ne faut-il pas le croire?

Le budget de 1832, le budget de 1824, présentent peu de différence dans le chiffre; point de différence dans le dogme.

Quant au chiffre, la réduction des frais de gouvernement, est au point extrême de 370 millions.

La réduction des frais de perception est à 8 pour 100, au dernier terme de 70 à 80 millions.

Un pas de plus en recul de bord ou d'autre, menait à la ruine des services, à la perte des recettes.

Quant au dogme, il y a de même vice de principe et manque de raison, de même mépris des faits et mécompte des actes.

Toujours la manie fait office de maxime; toujours la routine passe à titre d'axiome, à l'égard des deux points capitaux.

D'abord venons au crédit, être fantastique, idole décevante, dévorante.

En fait de sacrifices, que lui faut-il?

En 1824, une offrande de 75 millions nets, au prix coûtant, frais compris, de 90 millions bruts : alors, extraite d'une fortune publique, en progrès accéléré qui couvre et par delà le subside fixe.

En 1832, une offrande de 85 millions nets, au prix coûtant de 100 millions bruts : maintenant soustraite à une fortune publique, en déclin prolongé qui aggrave de jour en jour, la charge relative.

En 1824, en 1832, c'est dans la même vue, avec la seule fin, de racheter des rentes à peu près au pair.

Ainsi, se donnant en gain, sur 75 et 85 millions, moins de 4 à 5 millions d'intérêts éteints.

Ainsi, se donnant en perte, sur 90 et 100 millions, plus de 9 et 10 millions de profits avortés.

De plus, en 1824, se confiant en la chance d'un bénéfice de 25 millions, par la réduction de la rente; large économie vraiment tentante et vainement tentée : dont l'essai malencontreux ouvrit les voies, marqua le terme à la révolution de 1830. ( *Dix millions de profits , etc.* )

Et en 1832, s'adonnant aux rêves d'une aubaine de 10 millions au même titre : mesquine épargne, dont la tentative indéfiniment ajournée, impertinemment conçue, aboutirait aussi et plus mal.

Non sans se bercer de l'espoir d'un boni de 1/2 p. o/o, à prendre sur un emprunt de 200 millions.

De sorte que 1832, mis en face de 1824, a en bénéfice 10 millions au lieu de 25 millions d'une part, et de l'autre un million au lieu de rien.

Restant au-dessus en avance et en risque, au-dessous en retour et en chance.

Toutefois au sujet du crédit, point d'argumens anciens ou nouveaux dans le rapport, le scrutin ayant parlé et porté l'arrêt.

Sauf que ces vagues paroles y aient trait indirectement.

« On ne pourrait soulager le pays, qu'en l'exposant à des désordres graves, à une de ces crises financières qui ébranlent l'ordre social tout entier. »

« La France n'attend pas des dégrèvemens illusoires, qui compromettraient le raffermissement de l'ordre, sa dignité et son indépendance. » ( p. 2. )

A quoi il y aurait à répondre, qu'à défaut du dégrèvement, aussi le pays est exposé à une crise financière, économique, sociale ; et que le raffermissement de l'ordre, la dignité et l'indépendance peut-être, sont compromis plus probablement, plus prochainement.

Puis, comme à l'appui du système banal d'amortissement, le rapport dit que les rentes à racheter montaient au 1er janvier 1831, à 167 millions.

Tandis qu'il y a à déduire, 30 millions immobilisés et 40 millions en 3 et 4 qui ne sont point à racheter.

Enfin, il ajoute :

« Il y aurait péril à marcher dans cette voie : *bientôt* elle nous conduirait à une *dette égale* à celle de l'Angleterre. »

« N'oublions pas que les facultés contributives sont la mesure légitime de la dette : ne perdons pas de vue que cette limite est restreinte pour nous, parce que la richesse agricole ne s'accroît pas aussi vite que la fortune commerciale. » ( p. 4. )

*Une dette égale !* Ici, en dette aliénable, pas plus de 140 millions : et là, en même nature, environ 700 millions.

*Bientôt !* Mais le rapport est au quintuple : et depuis 1814, sous les charges de l'arriéré et des invasions, de la péninsule et de l'indemnité, la dette n'a guère que triplé, y compris les rachats.

*Bientôt !* Dans un ou deux siècles peut-être : ou plutôt jamais, car qui donc prêterait jusques là.

Et les facultés contributives ne sont pas la mesure légitime, sont au contraire la limite légitime de la dette : car tant que l'impôt donne encore, il n'y a pas à prendre à l'emprunt.

Et la richesse agricole, si elle ne s'accroît pas aussi vite, en retour ne décline pas aussitôt : sauf qu'elle soit entravée par le service de l'amortissement, dans la folle vue d'ajourner *le bientôt*, à un siècle de plus.

Sauf encore qu'on l'atteigne dans ses moyens de travail, et qu'on la prive de ses espoirs de produits ; au lieu de la saisir en son revenu net, en sa dépense effective.

Taisons nous : la loi a parlé.

Respectons l'arche sainte du crédit, accompagnée du cortège obligé de l'amortissement.

Voilà que 100 millions en nature d'impôts bruts, sont consacrés, sont sanctifiés.

Et ce pour l'an et jour ; car ainsi que toute chose en ce bas monde, la loi a terme.

Passons à l'impôt foncier.

Là, il ne s'agit plus de grever le pays, de charges, mais bien de priver le pays de ressources.

Et tâchons de donner un juste sens aux mots, de saisir la dissemblance morale des choses, à travers la ressemblance matérielle des paroles.

Le rapport débute par l'exposition d'un fait.

« Dans l'enfance des sociétés, *la terre* forme à peu près toute la richesse, et il suffit de l'imposer pour atteindre les facultés contributives. » (p. 11.)

*Imposer la terre :* de quoi parle-t-on ?

Qu'est-ce que la terre, en son essence ? quelque

vaine poussière, quelque matière vile, dont la dîme tente fort peu le fisc.

Que devient la terre, sous la main du travail? une matrice de produits, une source de profits, une mine de revenus.

Prélevez-vous sur les produits : fort bien, si ce n'était que sur la même somme de produits, les frais emportent tantôt le tiers, la moitié, les deux tiers.

Percevez-vous sur les profits : rien de pis; car leur emploi se divisait entre l'entretien des forces du travail, et la mise des avances de la culture.

Enfin, atteignez-vous les revenus : rien de mieux; car à peine le vingtième se destine à l'œuvre de production, et le reste est absorbé dans l'acte de consommation.

Maintenant que le rapporteur explique sa pensée, ou plutôt qu'il l'exprime en un sens net.

Il est vrai, comme il le dit, que d'abord les peuples s'acquittent en corvées de personnes, en redevances de denrées, et puis en façon d'impôt foncier.

Il est vrai que par les progrès de la civilisation l'industrie et l'aisance créent la matière des taxes.

Mais ce n'est pas que la terre doive cesser de subvenir au tribut, et même d'y subvenir, à raison de ses moyens successifs, en proportion de ses moyens relatifs.

Sans cesse et sans fin, la terre doit, non pas en produits ou en profits, mais sur le revenu et la dépense ; et doit de plus en plus, doit d'autant plus, en un pays, où *la richesse agricole est la principale ressource.*

Poursuivons la chasse aux mots.

« Parmi les tributs de la France, les plus importans sont ceux que la propriété acquitte à divers titres. » (p. 11.)

*La propriété!* encore une expression vague, et peut-être vaine.

Il n'y a guère moyen de l'entendre, sauf que ce soit dans le sens de la masse du capital foncier, ou encore du droit des possesseurs du fonds immeuble.

Or ce capital ou la propriété, fournit ou plutôt garantit, l'impôt annuel, ensuite les droits éventuels.

Le capital qui s'élève au moins à 60 milliards, acquitte environ 100 millions de droits de mutation :

Soit à l'occasion des actes de vente, lesquels sont libres et volontaires, au moins quant aux neuf dixièmes.

Soit à l'occurence des faits de décès : lesquels apportent toujours une bonne fortune et souvent une vraie aubaine.

Ici, le coût de l'impôt est pris sur la richesse advenante, dont la jouissance s'ajourne à l'échéance commandée.

Là, il est prélevé sur le capital monétaire et se divise par moitié entre le vendeur et l'acquéreur.

Ni dans l'un ni dans l'autre cas, le capital foncier, autrement la propriété n'est ébréchée.

Aucune atteinte n'est portée à la terre proprement dite, c'est-à-dire à la matrice des produits.

Dès lors, il n'y a point à parler des tributs de la propriété, ni à dire qu'ils sont les plus importans.

Seulement, le revenu territorial, montant peut-être aux quatre cinquièmes du revenu total, paie à titre d'impôt foncier, et paie encore à titre de taxes indirectes.

« Suivant le rapport, c'est en retour des garanties obtenues de l'ordre social, de ces garanties plus étendues qu'autrefois; car l'Etat ne se borne plus à protéger contre la violence; il prend à tâche de soustraire aux chances naturelles, et d'assurer un minimum de prix. »

« Les sacrifices se trouvent ainsi atténués; ils sont d'ailleurs moindres qu'autrefois. »

« Sous M. Necker, les impositions s'élevaient à 190 millions, qui représentent de nos jours une valeur de 249 millions. »

« En 1790, la contribution foncière a été fixée à 240 millions. » (p. 12.)

Le rapport s'arrête là, et omet de dire que cette somme représente en même raison, une valeur de 320 millions.

« Qui oserait nier que la richesse se soit accrue avec une rapidité prodigieuse! Nul doute que la valeur de la production française n'ait plus que doublé depuis 1786. »

« Et que les charges du pays, comparées à son revenu ne soient réduites de plus de moitié. » (p. 9.)

Telle est la conséquence à laquelle l'auteur est

parvenu en comparant les dépenses anciennes de l'Etat, avec les dépenses actuelles.

Que d'autres la jugent vraie ou fausse, ils sont libres. Mais pour lui, elle est avérée.

Or si la valeur de la production totale, est plus que doublée, il sera accordé sans doute que la valeur de la production agricole, est au moins accrue des deux tiers en sus.

Et si le revenu foncier est dûment évalué dans le rapport a 1 milliard 700 millions, il s'ensuit qu'en 1786 et 1790, il n'équivalait qu'à un milliard.

Mais l'impôt foncier s'élevait alors, valeur de 1832, à 250, puis à 320 millions: au lieu qu'à présent il ne dépasse pas 240 millions.

Donc en 1790, un milliard de revenus subvenait de 320 millions d'impôts, à raison du tiers: et en 1832, un milliard 700 millions subvient de 240 millions, à raison d'un septième.

1832 en payant dans la même proportion que 1790, paierait 560 millions.

Car il faut remarquer, qu'en même temps, la valeur monétaire, en quoi est exprimé l'impôt, s'abaisse; et la valeur réelle, en quoi consiste la richesse, s'élève.

D'où, ce n'est pas seulement un terme qui s'éloigne de l'autre; ce sont plutôt deux termes qui s'écartent l'un de l'autre.

Maintenant, que peut-on dire de ces paroles du rapport, en tant qu'applicables à l'état actuel des choses.

« De là, la justice, la nécessité de ménager la propriété : autrement elle *dépérit*. »

« La terre frappée d'*exactions* sans terme, demeure *inculte* : pour qui perd le fruit de ses sueurs, c'est gagner que de ne rien faire. »

. . . . . . . . . . . . . . . . . . . . . . . . . . . . . . . . . . . . . . . . . . . .

« Qu'achètent ceux qui placent en fonds de terre? Des revenus. C'est le revenu qui détermine leur valeur vénale. »

« Lors donc que l'on augmente l'impôt, on réduit le prix même de la propriété, l'on en *confisque* une partie. »

« Et en la dépréciant, on déprécie tout ce qui constitue la richesse; car elle est la vraie mesure de toutes les valeurs.

« Ainsi, il est bon que l'impôt territorial ait la fixité en partage. » (p. 13.)

Au sujet du dernier passage :

Il n'importe que ceux qui placent des fonds achètent moins de revenus : si cela arrive, c'est que la propriété n'est point dépréciée.

Encore, la propriété n'est dépréciée qu'à l'égard du capital, et ne l'est point quant au denier. La vraie mesure ne baisse pas.

Il est vrai, l'on confisque : à bien parler, toute contribution est une confiscation. Seulement lequel vaut le mieux, de confisquer une portion de fortune, ou une fraction d'existence?

Du reste, rien dans les prémices ne menait à cette conclusion, que l'impôt doit avoir la fixité en partage.

A l'égard du premier passage :

Non, la propriété ne dépérit pas : pour peu que l'impôt n'atteigne ni les produits ni les profits.

Non, la terre ne demeure pas inculte : car à ne rien faire, au moins on ne gagne pas sa vie, et de plus on gagne la mort.

Non, il ne s'agit pas d'exactions sans terme ! Certes il n'y a pas d'exactions, puisqu'en 1790 on payait le tiers en monnaie forte, et qu'en 1832, on paye le septième en monnaie faible.

En tout cas, les exactions sont bien éloignées du dernier terme, car le premier terme n'est pas encore advenu.

C'est ainsi que l'homme le plus distingué en finances, se laisse induire par un sentiment fort noble et peu sage.

« On ose traiter la propriété en ennemie, et signaler les possesseurs comme des oisifs opulens, s'engraissant de la substance du peuple. »

« Votre commission a été d'autant moins disposée à aggraver leur situation, que les attaques dirigées contre eux sont plus violentes. » (p. 13.)

Prenez garde. Ici, attaques, demandes, complaintes, se confondent ou du moins ne diffèrent que de degré en degré.

Et les complaintes sont de 1000 ans et tant ; les demandes sont de 40 ans et plus.

Et à leur mépris, les attaques s'élèvent, s'étendent, s'exagèrent sans mesure, sans limite.

Les têtes sont perdues. L'opinion passe des

vœux de réparation, aux fureurs de subversion.

Le pouvoir, ce semble, prétend jouer le rôle de la providence rémunératrice, vindicatrice.

Mais la providence n'eut jamais de tort; mais la providence aura toujours la force.

Quel contraste en tous points.

Que le pouvoir se fasse homme, et ne fasse pas le Dieu.

Voilà cependant par quels argumens, d'après quelles notions, ont été arrêtés et réglés deux points capitaux.

D'une part, que la bourse, ce gouffre insatiable de valeurs, doit encore vainement dévorer, 100 millions et plus de recettes;

D'autre part, que la terre, cette mine intarissable de valeurs, doit encore recéler vainement, au moins 100 millions de subsides.

Et notez qu'au prix de tant de sacrifices, ou positifs, ou négatifs, on parvient seulement à mal servir le crédit bursal, comme à desservir le sol nourricier.

De même, vis-à-vis de l'un et de l'autre, on s'en tient à l'apparence, on n'agit que pour la forme : on flatte en idée, on nuit en réalité.

Quant au crédit bursal, le bon sens se lasse à dire et redire que le fonds d'amortissement, d'autant moins solide qu'il est plus énorme, fait peu ou ne fait rien.

Au lieu que la richesse publique vivement accélérée en ses progrès, par l'emploi de plus en plus fécond des sommes arrachées en impôts et absorbées en un vain usage, ferait beaucoup ou ferait tout.

La parole se perd dans le désert. Paris entend que le tribut des provinces, au taux de 100 millions, chaque année, fasse son entrée en grande pompe, dans ses murs sacrés.

Paris n'entend pas que cette lourde grêle d'écus, si elle ne s'était pas amoncelée et condensée, eut été deversée en façon de douce rosée, qui fertilise la terre, cette matrice de produits, dont il tire sa subsistance, ses jouissances.

Quant au sol nourricier, la simple analyse, dévoile que cette expression de sorte abstraite, comprend et confond trois élémens de nature réelle, les produits, les profits, les revenus.

Si bien qu'en n'atteignant que les revenus, généralement dévoués à la dépense personnelle, il ne résulte de l'impôt foncier, à quelque taux qu'il soit porté, aucun contre coup, au détriment des profits, en dommage quant aux produits.

Et qu'au moyen des ressources ainsi apportées, on serait libre d'alléger une masse de charges, qui viennent rogner sur les profits attribués à l'entretien de la vie, appropriés à l'enfantement des valeurs :

Comme aussi d'abolir telle taxe sur une denrée, qui est destinée à nourrir des sources de bénéfices, à neutraliser des causes de pertes, au sein de la production agricole ;

Qui en outre, est commandée pour satisfaire aux nécessités absolues, pour prévenir les maladies parmi la population rurale.

Qu'il ne soit jamais parlé de cela.

« Attenter au fonds de crédit, ce serait accorder des dégrèvemens illusoires, et périlleux pour l'ordre public et funestes à la dignité, à l'indépendance. »

« Soulager immédiatement le pays, ce serait l'exposer à des désordres graves, ce serait préparer l'ébranlement de l'ordre social. »

« Et quant à augmenter le subside territorial, ne serait-ce pas exciter encore à traiter la propriété en ennemie, à signaler les possesseurs comme s'engraissant de la substance du peuple. »

« Ne serait-ce pas applaudir aux attaques de plus en plus violentes qui sont dirigées contre eux ? »

Ici, on louvoie d'écueil en écueil, on tombe de Charibde en Sylla.

« Il existe, surtout dans les classes laborieuses, une irritation déplorable. »

« De toute part, un cri s'élève contre les impôts ; on les accuse d'être la source unique du mal qui nous tourmente. »

Ainsi parle le rapport : et le rapport se répond ainsi.

« Cependant l'examen approfondi des besoins et des ressources du trésor nous a laissé la *triste conviction* que l'on ne pouvait soulager immédiatement le pays. »( p. 2.)

Triste conviction vraiment, s'il n'est pas donné

de l'ébranler et de la dompter, à l'évidence maintenant exposée ; qu'à peine on oserait nier, qu'encore on n'ose réfuter.

Triste et triste conviction, s'il lui est imposé ou si elle impose, de tenir un tel langage, à l'égard de l'impôt généralement, et spécialement à l'égard de la taxe du sel.

Laquelle taxe est déja jugée au secret des consciences, puisque le rapport n'entend se justifier qu'à son sujet, puisqu'il ne sait se justifier qu'en une telle façon.

« On nous disait : si vous maintenez l'impôt du sel, si vous tardez à soulager le peuple, vous compromettez la paix publique, vous préparez des catastrophes. »

« Il s'agit, disait-on, de contenter les masses, de prévenir les catastrophes. »

« C'est donc à dire que pour contenter le peuple, il faut bouleverser nos finances et compromettre le revenu public. »

Messieurs, si jamais de telles concessions étaient faites, c'est alors que l'anarchie triomphante ruinerait notre avenir, et nous entraînerait à la subversion de l'ordre social. » (p. 31.)

Ici, que n'est-il permis de se taire!

*L'anarchie ruinerait l'avenir!* Dieu le veuille mille fois, pourvu qu'elle ne ruine pas le présent.

*L'anarchie serait triomphante!* le Ciel lui fasse paix, si c'est qu'elle ne triomphe qu'en fait d'allègement d'impôt.

*Contenter les masses, contenter le peuple!* Certes,

non. Il faudrait bouleverser nos finances, et compromettre le revenu public.

*Faire de telles concessions !* jamais. Il ne s'agit que d'écarter des catastrophes, de prévenir les catastrophes.

Mais qui donc parle ainsi? est-ce le sceptre de dix siècles d'honneur? est-ce le sabre de vingt années de gloire? est-ce le décret du scrutin national?

Et comment prononcer le mot de concessions? est-on maître et maître absolu, pour faire choix de concéder ou ne pas concéder?

Comment se refuser à contenter le peuple? est-on puissant hors de lui, est-on fort contre lui, est-on rien sans lui?

Vraiment, à l'aspect du Moniteur, chacun est tenté de se dire, en croirai-je mes yeux?

D'autant qu'à faire des concessions, à contenter le peuple : le rapport n'aperçoit que deux risques, tous deux imaginaires.

L'anarchie serait triomphante : tout au contraire, l'anarchie ne surgirait pas, ne subvertirait pas.

On confond le remède avec le mal.

Les finances seraient bouleversées : pas du tout; il n'est question ni de l'annulation, ni même de l'atténuation des subsides.

C'est le remaniement de l'impôt, c'est un meilleur aménagement de l'impôt, dont le mode est à rechercher.

La masse totale loin d'être réduite, pourrait être accrue et devrait s'accroître d'elle-même :

Par cette simple raison que les taxes mieux assises et mieux réparties, ne tendraient plus à l'avortement des produits, ne se prélèveraient plus, à grande peine, à grande perte, sur le néant des moyens pécuniaires.

Il y aurait d'abord à reprendre 100 millions, à l'œuvre de Pénélope, au travail du crédit.

Ensuite à prendre 100 et 150 millions, toujours et partout, sur le revenu ou la dépense.

Quelle ample marge aux concessions !

Eh ! pourquoi lancer l'anathème contre l'impôt? Tel et tel subside pèse fort peu, tel et tel service rend beaucoup (1).

Qui pourrait réfuter le rapport ; en ce point que depuis 1786, les ressources ont plus que doublé, et que les charges sont réduites de plus de moitié ?

Qui voudrait le récuser, sur cet autre point : qu'en 1786, le fardeau si accablant par son poids, le devenait bien plus encore par l'inégalité monstrueuse de sa répartition ?

Toutefois, non sans observer qu'en 1832, il existe aussi une inégalité monstrueuse : au gré de

---

(1) Bientôt les vues s'étendent : on finit par se convaincre que l'économie politique, est plutôt satisfaite par l'accomplissement de tout service moteur ou garant de l'action productive, que par l'abolition d'aucun subside, justement assis et facilement perçu (Du vote de l'impôt : 1829.)

laquelle, le fardeau peu accablant par son poids, le devient en tels et tels lieux.

Et tout en avouant la misère des masses avant la révolution, non sans renier *que le bien-être soit devenu le partage du plus grand nombre.*

Car en se promenant le bâton à la main, dans nos campagnes, ou en parcourant les grandes routes sans baisser les stores; on apprendrait que le bien-être pris en gros, n'a point été débité, parmi les neuf dixièmes de la population.

A l'égard du remaniement, de l'aménagement, de l'impôt, le rapport entrevoit ce semble, aperçoit même le principe des principes.

« La meilleure répartition des charges serait celle qui imposerait chacun en proportion de ses moyens, et qui *affranchirait* tous ceux qui n'ont que le nécessaire. » (p. 10.)

*Affranchir!* c'est fort bien dit cette fois : n'est-ce pas justement le mot dont on se sert au sujet du serf et du nègre.

Encore le serf, le nègre, n'ont point à être affranchis en ce sens; attendu que le nécessaire, quitte et net, ne manque pas de leur être alloué par le maître qui jouit de leur travail.

Bientôt l'idée s'arrête ou plutôt rebrousse.

« Où trouver la mesure commune du nécessaire? »

« Comment pouvoir constater et taxer le superflu? »

« Pour atteindre à cette perfection idéale, il faudrait pouvoir réaliser l'impossible. ».... (p. 10.)

« Pour pratiquer logiquement une telle justice, il faudrait exempter de l'impôt, non-seulement l'indigent, mais encore le malaisé, et l'artisan manquant de travail, le cultivateur perdant ses récoltes, l'industriel éprouvant des revers, jusqu'au prodigue ayant dissipé sa fortune. »

« Et quand vous aurez réduit ou même supprimé les taxes, vous n'aurez point satisfait à la rigueur de vos principes : elle vous impose le partage égal du bien être et des misères de la vie. » (p. 29.)

. . . . . . . . . . . . . . . . . . . . . . . . . . . . . . . . . . . . . . .

« A ces conditions, il n'y a pas d'impôt possible ; il faut suivre dans la pratique, des règles différentes qui ont aussi leur justice.

« On est amené nécessairement à demander les subsides aux facultés contributives qui se manifestent :

« C'est-à-dire à la propriété, à l'industrie, à l'aisance apparente, et *aux consommations.* » (p. 11.)

Mais qui donc a parlé, et de perfection idéale, et de justice logique, et de rigueur des principes?

Hélas! en économie comme en politique et même en morale, l'absolu est dénié a l'homme. Être chétif et fugitif, il lui est prohibé de sortir du relatif, du provisoire, du conditionnel.

Et avec cette méthode abusive, de pousser jusqu'à l'absurde les raisonnemens adverses; c'est aussi se donner trop beau jeu.

La réplique sera plus généreuse.

Seulement mettons hors de compte ce dernier mot *des consommations*, si fort étonné de se trouver accolé et comme assimilé à l'aisance apparente.

Car riche ou pauvre, chacun consomme : et parfois pauvre consomme plus que riche.

Acceptons les offres ; accordons que les subsides ne seront demandés qu'aux facultés contributives qui se manifestent ; qu'à la propriété, à l'industrie, en tant qu'elles s'allient à l'aisance apparente.

Or, voilà qu'en dehors de ces conditions, la mesure commune du nécessaire est trouvée.

Voilà que sous ces conditions, le superflu, pris en général, est constaté.

Voilà même que le superflu, en ses divers degrés, est appréciable, à l'aspect des facultés manifestées et de l'aisance apparente.

Voilà enfin qu'il y a moyen d'affranchir le nécessaire ; par cela qu'il y a moyen de taxer et surtaxer le superflu.

Il fallait cela ; il ne fallait que cela.

Le rapport a tracé la ligne, a frayé les voies, a marqué le terme.

Et il éclaire la marche, il élève son drapeau, sur lequel sont inscrits ces mots : *Affranchir le nécessaire.*

Où l'aisance apparaît, où les facultés se manifestent, ce n'est pas le siège du nécessaire.

Partout ailleurs, le nécessaire se rencontre ou plutôt se recèle.

Il est trouvé, il est reconnu par la voie d'élimination.

Déjà, quant à l'impôt personnel, l'instinct répartiteur l'avait discerné, l'avait indiqué et limité, sous le type de l'indigence.

La raison législative entendra mieux l'acception, étendra plus l'exception.

Même un pas marquant vient d'être fait vers cette fin ; et c'est au rapport que l'éloge en revient.

A peine, il s'est résigné à blâmer quelque peu, la dernière loi, ou plutôt les actes subséquens : tant les égards, les convenances exercent d'empire.

En revanche, il recommande des mesures tendantes à garantir le nécessaire jusqu'à un certain point.

*Portes et fenêtres :* pour les maisons au-dessous de cinq ouvertures, réduction de la taxe et libération de la porte charretière.

*Personnel* : le minimum ramené de 70 à 50 centimes et dégagé de l'additionnel.

*Mobilier* : acquittement par l'octroi, d'une part de l'impôt ; et droit des répartiteurs, d'apprécier la situation des familles (1).

Un pas de plus menait loin : et la route s'ouvrait aux regards ; et l'œil s'est fermé à la lumière.

On serait tenté de croire qu'en compensation,

---

(1) Rien ne frappe donc ; rien ne frappera jamais.

Quelle leçon cependant ! Bordeaux vient de se cotiser pour payer l'impôt des loyers au-dessous de 200 fr.

Et la loi n'est pas encore rapportée ; et le ministre n'est pas encore remplacé ?

ou en aggravation, comme il plaira, l'économie rétrograde s'allie à la politique progressive.

Ici le rapport cite à bon droit et réfute à grand tort, la loi de 1791.

« *La multitude* applaudit d'abord aux taxes somptuaires : mais bientôt elle s'aperçut qu'en *poursuivant* les jouissances du riche, on détruit les profits de l'artisan. » (p. 14.)

Rien de plus vrai. Moins d'achat, moins de travail, moins de profit en un sens : comme aussi moins de taxes, moins de faux frais, moins de pertes sèches dans l'autre.

« Le loyer de 100 fr. indiquait un revenu double, celui de 500 fr. un revenu triple, celui de 1,000 fr. un revenu quadruple, etc., etc., etc., par rapport à la cote d'habitation. »

« Jamais conception ne fut plus malheureuse. »

Ne changeons qu'un mot : jamais exécution ne fut plus malheureuse.

Quant à la conception, elle ne péchait qu'en ce point, d'avoir fixé l'impôt, seulement à la trois centième partie de la cote d'habitation.

« Il n'est possible d'atteindre la fortune mobilière qu'en imposant l'aisance qui se manifeste. »

Mais c'est ainsi qu'opérait la loi de 1791, en appréciant l'aisance, en tant qu'elle se manifeste de degré en degré.

Et c'est justement l'impôt progressif.

« Dans quelques pays, on a entrepris de constater et de taxer les revenus. La tentative n'a pas été heureuse. »

S'il s'agit de l'Angleterre, la tentative n'a été

ni heureuse ni malheureuse, car il n'y en a pas eu dans ce sens.

« Il fallait déférer des sermens, ordonner des inventaires, etc., etc., etc. »

Des sermens, oui; des inventaires, non.

S'il s'agit de l'Angleterre, ce fut assez des sermens, pour obtenir 12 millions sterlings par an, sous le titre d'*income tax*.

Comme ce fut assez d'une simple invitation, pour procurer au trésor un emprunt volontaire de 50 millions sterlings, sous le nom de *loyalti loan*.

« Ce régime d'inquisition et d'*extorsion* n'a pu être maintenu : il soulèverait parmi nous, l'indignation générale. » (p. 14.)

Qu'on dise plutôt l'indignation particulière : attendu qu'en France au moins, on ne s'indigne guère pour le compte d'autrui, et que pas un dixième de la nation n'aurait à contribuer.

Qu'on ne parle pas d'extorsion, alors qu'il est question d'une contribution à payer par le superflu disponible :

Et qu'on en parle haut et ferme, alors qu'il est question d'une confiscation à subir par le nécessaire obligatoire.

Eh bien! ou l'une, ou l'autre. Telle est la loi de l'état actuel de la civilisation.

De là, et l'une et l'autre, ont à être mises en présence, à être soumises au parallèle : car à saisir ici, ou à saisir là, absolument parlant, il y a toujours lieu à se plaindre.

En économie, comme il est dit depuis maintes années, tout est relatif, et raison n'est que comparaison.

Analyser et examiner à part, puis comparer et balancer ensemble, voilà le devoir, voilà le besoin.

Or pour peu qu'on aspire aux francs applaudissemens de la multitude, pour peu qu'on s'effraie de l'indignation vraiment générale, le choix est fait.

Il reste à parler de l'impôt le plus vivement attaqué d'après le rapport, et le plus vivement défendu dans le rapport :

Du seul impôt dont le principe doive être jugé en raison, à part des autres, parce qu'il est anomale en tout point ;

Et dont le remplacement doit être déterminé par comparaison, afin qu'il ne puisse être dit à son égard, comme au sujet des droits sur les boissons.

« Le pays en a-t-il été soulagé ? Loin de là, *il a fallu* lui faire subir le réhaussement des impôts directs ; et vous savez l'irritation qui s'en est suivi. » (p. 36.)

Paroles surabondamment vraies, en ce que le pays n'a pas été soulagé ; attendu qu'au lieu de relâcher les entraves et de répartir le poids, on s'est borné à alléger la taxe des cabaretiers.

Paroles éminemment fausses ; en ce qu'il n'a point fallu du tout, afin de redimer le trésor, rehausser ces impôts, en une pareille façon ;

Qu'au contraire, si cela s'est fait ainsi, c'est qu'il a plu de le faire; et qu'en tout cas, de même il aurait plu de le faire, suivant toute apparence.

Quant à la taxe du sel, comme le rapport expose d'abord les moyens d'attaque, et oppose ensuite les moyens de défense, il convient, il suffit peut-être de rappeler, de rapprocher l'un et l'autre plaidoyer.

Commençons par l'exposition des moyens d'attaque.

« La taxe est injuste, oppressive, impolitique : elle arrête les progrès de l'agriculture. »

« La taxe pèse sur une denrée indispensable à la vie de l'homme. »

« Dès-lors, on n'a pas le droit de l'imposer. »

« Le sel n'est pas moins nécessaire que le pain. »

« Ce n'est point une taxe de consommation : c'est une véritable capitation. »

« Il est écrit dans vos lois que le pauvre ne sera pas imposé. »

« L'assemblée constituante avait exempté l'indigent de l'impôt personnel. »

« On l'affranchit de 3 à 4 fr. : on lui fait payer bien au-delà pour le sel. »

« C'est un devoir de répartir la charge selon les facultés. »

« Ignorez-vous qu'un ménage riche consomme moins de sel, qu'une pauvre famille. »

« D'où il suit que plus des deux tiers de la taxe sont acquittés par les malheureux. » (p. 29.)

Certes, il y aurait bien autre chose à dire à ce sujet.

Mais l'esprit est plus frappé par la réfutation des argumens adverses, surtout quand ils proviennent de l'homme le plus distingué dans la matière.

« On n'a pas le droit, dites-vous, d'imposer les choses nécessaires à la vie. »

« Pourquoi donc demande-t-on à la terre qui nous nourrit tous pauvres et riches, la plus forte part des charges de l'Etat. » (p. 30.)

Ici, il y a amphibologie.

La terre n'est pas une des choses nécessaires à la vie.

La terre nous nourrit, s'il plaît de parler ainsi; mais c'est à la manière du four où le pain cuit.

La terre ne subvient ni ne nourrit : parlez plutôt des produits de la terre.

Et observez que les charges ne sont pas demandées aux produits, pas même aux profits, seulement aux revenus.

« Pourquoi le logement, le vêtement, non moins nécessaires, sont-ils soumis à des contributions diverses ? »

Mais le vêtement ne contribue qu'à raison du droit sur les cotons, au centième de la valeur œuvrée; et du droit sur les laines, au millième peut-être.

Mais le logement ne contribue en rien pour les portes et fenêtres, qui selon le rapport, ne sont au fond qu'une addition à la contribution foncière.

Le logement ne contribue à titre d'impôt mobilier, que dans la proportion d'un centième en

1831, et d'un dixième en 1832, au moins suivant certaine cote trop connue.

Et remarquez que le sel est chargé au vingtuple sur les lieux de production, au quintuple environ sur le marché de la consommation.

Infiniment petit! infiniment grand! entre ces termes, quelle comparaison faire?

« La taxe reproduit la capitation sous une autre forme. Ne faisons pas la guerre aux mots. » (p. 30.)

Eh! nous sommes loin de faire la guerre aux mots.

Qu'il vienne en tête de désigner la taxe du sel, sous le nom d'aumône à la misère; l'aumône sera de même repoussée.

Au fait, il n'y a moyen de rendre les choses qu'avec des mots: de temps immémorial, derrière les mots, se rencontrent les choses.

Si la capitation n'est plus qu'un mot vide de sens ce semble, qu'un mot nul d'effet peut-être, que dire de nos grands parens?

Enfin, c'est ce mot accolé au mot de la gabelle, car la taxe du sel est privilégiée en fait de titres, qui a tant excité, tant poussé à la révolution de 1789.

Et maintenant la révolution de 1830, fille dénaturée, en fait fi!

Autres temps, autres mœurs, disait-on autrefois; autres temps, autres mots, dira-t-on à présent.

Le dictionnaire se lève avec le siècle; et non sans passer de phase en phase, à son déclin il tourne en un glossaire surannė.

Volontiers, la taxe du sel n'èst pas une capitation : alors, qu'est-elle donc, car un mot est dû à la chose.

Est-elle une contribution indirecte : consultons l'oracle ou le rapport.

« Il reste à examiner les effets des contributions indirectes. »

« Cet impôt en se confondant avec le prix des choses, est en quelque sorte inaperçu. »

Inaperçu à l'idée peut-être ; et non pas à la bourse, si elle paie 4 ou 5 sols au lieu de 2 à 3 liards ; non pas à l'estomac, au cas qu'elle se refuse à payer.

« Les impositions de cette nature se proportionnent elles-mêmes aux facultés de chacun. »

Or il a été dit ailleurs que le sel est un objet de nécessité, que la quantité nécessaire au régime est a peu près invariable, que la quotité de la taxe n'affecte point la consommation.

Ce qui est justement le contraire.

« Elles identifient le gouvernement, avec le mouvement de la fortune publique, et l'avertissent s'il fait fausse route, ou s'il est dans la bonne voie. » (p. 27.)

Mais le sel est hors du mouvement : bien loin d'identifier le gouvernement, avec le mouvement social, il est lui-même identifié avec la vie animale.

Mais le sel n'avertit personne, et n'avertit de rien, puisque son emploi est immuable, incommutable.

« Dans ce système enfin, chaque contribuable détermine lui-même la quotité de sa taxe, en usant plus ou moins des objets imposés. »

Même réponse. Le contribuable en nature de sel, n'a point à déterminer, n'a point à user plus ou moins.

C'est le rapport qui le peint enchaîné à la glèbe des nécessités absolues.

Ainsi donc la taxe du sel, n'a aucun des caractères des contributions indirectes.

Elle est une capitation, ou elle n'est rien.

Laissons cela : il n'en a été parlé qu'à l'effet de montrer combien la thèse est mauvaise, à la manière dont elle est traitée par une forte tête.

Revenons au rapport, en ce qui touche le sel.

« L'exemption n'est pas praticable, quant aux taxes de consommation. »

« Contribution indirecte, et répartition selon les facultés présumées, sont choses inconciliables.

« Du moment qu'on ne veut pas que les taxes atteignent indistinctement, il n'y a plus qu'un parti à prendre, c'est d'y renoncer. » (p. 30.)

Cela s'appelle mettre le marché à la main.

Certes, au nom de la justice et de la sagesse, de l'égalité et de l'humanité, de la population et de la production, l'offre est acceptée d'emblée.

Il eut été plus expédient de démontrer comme quoi il n'y avait nul motif, pour que l'impôt fût réparti selon les facultés et n'atteignit pas indistinctement, qui peut ou ne peut payer.

Du reste, on ne rencontre plus dans le rapport, que des argumens à rétorquer contre la thèse soutenue.

« On exagère en avançant qu'à la campagne le pauvre consomme quatre fois plus de sel qu'un habitant aisé de Paris. » (p. 30.)

C'est clair. On exagère à quatre fois, et non pas à trois, à deux fois au moins : la réticence l'annonce.

« On ne conteste pas qu'il n'y ait des différences dans le régime alimentaire de quelques localités. »

C'est franc. Ici on paie plus ; et là on paie moins. La charge s'aggrave en raison même de la misère, les alimens plus grossiers exigeant d'autant plus de sel.

Et qu'est-ce que ces quelques localités ? l'ouest en entier, le sud à moitié, le centre aux trois-quarts.

« C'est une erreur d'en conclure que les deux tiers de l'impôt sont acquittés par les malheureux. »

Ne faisons pas la guerre aux mots : mais assignons un sens aux mots.

Qu'entend-on par les malheureux ? Les mendians, les indigens, les prolétaires, les travailleurs.

Parlons des malaisés en somme, c'est-à-dire de 24 millions sur 32 millions ; et disons que les neuf dixièmes de l'impôt sont acquittés par eux.

« L'abaissement de la taxe n'accroîtrait point la consommation. »

« Le sel est un objet de nécessité, et non pas de jouissance, dont on puisse faire excès. »

« La quantité nécessaire au régime alimentaire est à peu près invariable. »

« La quotité de la taxe n'affecte point la consommation de l'impôt. » (p. 31.)

Mais la taxe reproduit donc la capitation sous une autre forme.

Et sans plus de dommage, la capitation pourrait donc être reproduite selon un nouveau mode.

Et par exemple, la capitation saline, maintenant exploitée au profit du fisc, par les débitans de sel, serait tout aussi bien exercée par les agens du fisc, en addition à l'impôt personnel, au moyen d'échéances analogues.

Et les débitans patentés pour le sel, devenant agens bullés par le fisc, recevraient ou percevraient tout aussi bien, non pas en conséquence, mais à l'occasion des emplettes en cette denrée, chaque terme échu de la taxe; sauf le recours aux contraintes, au besoin.

Et soit ainsi, soit autrement, chacun payant sa cote-part fixe en espèces, ne serait nullement tenté d'opérer la plus sordide, la plus fatale épargne sur son régime alimentaire.

Et chacun, à l'appel des emplois, à l'aspect des succès, ne serait plus empêché, de sustenter en sel, son bétail, son engrais.

De là, le rapport passe à un autre face de la question, ou ce semble quelques contradictions se rencontrent et même se touchent.

« Pour en pouvoir donner au bétail, il faudrait que la taxe fût considérablement réduite.

« Et à moins de la supprimer entièrement, le sel ne pourrait jamais être employé à amender les terres. (p. 30.)

. . . . . . . . . . . . . . . . . . . . . . . . . . . . . . . . . . . . . . .

« Dans toutes les localités éloignées, la denrée sera toujours trop chère pour l'agriculture, lors même que l'impôt viendrait à disparaître. »

Mais les localités éloignées se rencontrent à peine, avec les nouveaux canaux, avec les mines nouvelles.

Partout ailleurs, le prix commercial est de 4 à 6 fr. le quintal métrique, de 2 à 3 centimes la livre.

Si bien qu'en résumé, le rapport expose qu'on est autorisé à croire que cette augmentation ne pourrait pas s'élever au-delà de 50 p. o/o, dans le cas de l'abaissement de la taxe:

Auxquels 50 p. o/o ainsi concédés de bonne grace, il est permis peut-être d'ajouter 50 p. o/o encore.

Eh bon dieu! le rapporteur, la commission, la chambre et peut-être le cabinet, sont déja convaincus.

« Il est un point sur lequel nous avons été unanimes : c'est que l'impôt du sel devra être réduit, à mesure que des ressources ordinaires laisseront des excédans sur les besoins ordinaires de l'Etat. » (p. 31.)

C'est-à-dire que cet impôt, *fort lourd sans doute*, suivant le rapport, est plus lourd que tout autre, est trop lourd dans le fait.

Seulement on attend qu'il vienne à crever quelque nuée, ou à s'entr'ouvrir quelque mine, de ressources ordinaires.

Est-ce donc que l'antique adage n'est plus en

vigueur, bien qu'il ait fait merveille tout récemment ?

Aide-toi : le ciel t'aidera.

Or, que ne fait-on des ressources? que ne se fait-on des excédans ?

Maintenant, sauf sur quelques points, il n'y a plus qu'à prodiguer les éloges, qu'à s'exalter en louanges.

D'autant qu'en proposant de nouveaux impôts, le rapport avait en même temps, et à mépriser les cris tumultueux, et chose plus difficile, à se dégager des vieilles chaînes.

Les patentes :

C'est fort bien de comprendre dans la fixation, le logement d'habitation, avec le local d'exploitation : attendu que l'étendue du local ne se rapporte pas à l'intensité des affaires, et qu'au moins le logement dénote la présomption des bénéfices.

Les patentes portent cet effet propice, de taxer en dehors du marché, à l'insu des contribuables, tous les objets de consommation.

Leur défaut consiste en ce que le tarif est fixe et constant, bien que le mouvement soit inégal et variable.

Il y aurait à les transformer en licences relatives ou proportionnelles ; et à les appliquer aux agens des transactions sociales, ainsi qu'aux artisans de la consommation vitale :

Aux notaires, avoués et huissiers, aux pharmaciens et épiciers, aux pâtissiers et traiteurs, aux bouchers et charcutiers.

C'est fort bien d'atteindre les professions non désignées encore, et plus importantes qu'autrefois: de même que les fortes entreprises issues de l'esprit d'association, et les nouveaux établissemens fondés sur l'emploi des machines.

Ici, se présente une ample marge d'extension, une longue ligne d'innovation.

L'emploi des machines s'exerce en trois façons; soit pour neutraliser la concurrence, soit pour améliorer l'œuvre, soit pour économiser le travail.

Au premier cas, l'impôt spécial, mettrait la fabrication à néant, jetterait les ouvriers à la porte.

Au second cas, il entraverait la production et congédierait les ouvriers.

Au troisième cas, il appellerait des ouvriers en nombre: et seulement il déterminerait un coût plus haut de façon, un prix plus haut de vente.

Le consommateur paierait librement une prime: au lieu qu'à défaut d'emploi, le travailleur paie forcément de sa vie.

Enregistrement:

Il n'y a rien de mieux, que de faire subir la taxation, aux mutations d'office: sur le pied du cautionnement, à défaut de la connaissance du prix de vente.

Il n'y a rien de mieux, que d'élever le tarif des

droits de mutation en ligne collatérale, et surtout de le *graduer* suivant les degrés de parenté; ou d'imposer *plus fortement* au-delà du quatrième degré et jusqu'au douzième.

Ainsi perce le premier rayon encore pâle et terne; mais dont le temps se charge de raviver l'éclat, d'agrandir le champ et de propager, de projeter au loin, la lumière.

Les mutations de propriété, les transitions de jouissance, à quelque titre que ce soit, offrent la matière imposable au point le plus éminent.

Et, on ne peut plus être retenu à l'égard de celles à titre vénal: le rapport déclarant, que malgré le rehaussement des tarifs en 1816, les produits se sont accrus de moitié en sus.

Et on ne doit pas être arrêté par la crainte de jeter un appas à la fraude : laquelle est assez tentée par le moindre gain, et sera toujours prévenue au moyen des mesures renforcées au besoin.

Ici, il n'est question que des mutations à titre gratuit: et il est question d'un tarif gradué d'après l'éloignement de la parenté.

Or tarif gradué, tarif progressif, sont choses synonymes.

Or le tarif gradué sous le rapport du sang, mène au tarif gradué sous le rapport de la somme.

L'ascension de l'impôt, n'est légitimée qu'en raison de la déclinaison du droit.

Si le droit décline de degré en degré dans l'ordre de la famille, par convention sociale, et non par institution naturelle:

Aussi, dans l'ordre de la fortune, par semblable convention, le droit déclinera de point en point.

Ou ni l'un ni l'autre : ou l'un et l'autre.

Tout au moins, les donations, vraies et rares aubaines pour les honnêtes gens, proie honteuse et certaine pour les autres, autorisent ou plutôt sanctifient le mode d'impôt progressif.

Comme aussi les successions, en tant qu'elles tiennent à la portion disponible par la loi, ayant le même caractère d'aubaine, sont appelées à le subir.

Qu'on creuse enfin cette mine, trop vainement annoncée et dévoilée depuis 16 ans.

Droits de douane :

C'est à ce sujet que le rapport a défini avec tant de justesse, le caractère des contributions indirectes. Le lieu était choisi au mieux.

« Cet impôt en se confondant avec le prix des choses, est en quelque sorte inaperçu. »

« Les impositions de cette nature se proportionnent elles-mêmes aux facultés de chacun. »

« Dans ce système, chaque contribuable détermine lui-même la quotité de sa taxe. » (p. 27.)

La définition seule porte la démonstration ; que ce mode d'impôt ne doit s'appliquer, et même ne peut s'appliquer qu'aux objets de seconde nécessité ou de première utilité.

Car, au-dessus de ces deux points, la quantité imposable se resserre trop ; et au-dessous, la quantité consommable s'égalise à peu près.

D'où, quant aux denrées du tropique, quant aux tabacs et aux vins, l'impôt indirect existe de convenance, existe en réalité; et n'existe que là, à vrai dire.

Encore, bien que ce semble chose étrange, il existerait sous ces deux titres, à un certain point, quant au blé ou au pain : en ce que d'une part, le recours s'ouvre sur d'autres élémens de subsistance; et que de l'autre, l'épargne s'offre sur la quantité de l'aliment.

Tandis qu'à l'égard du sel, et peut-être du sel seulement, l'impôt dénommé indirect est frappé d'incompatibilité; parce qu'il n'y a moyen, ni de remplacer, ni de ménager le sel dans ses usages.

Il suit de là que les sucres, les cafés, etc., appellent la taxation, jusqu'au terme où la réduction des emplois amènerait la diminution des recettes.

Ainsi les mesures proposées, ouvrent ou plutôt découvrent les voies tendantes au progrès de la richesse publique, au retour de la justice fiscale.

Pour les cotons, un sou par livre, ou la moitié en sus des droits actuels.

Sur les sucres, un sou par livre, ou un cinquième en sus des droits actuels ;

Et à ce qu'il paraît, réduction d'un cinquième dans la surtaxe des sucres étrangers : ce qui mène peu à peu à l'établissement des relations convenables avec les colonies.

Et de plus, élévation proportionnelle de la

prime à l'exportation : ce qui mène au contraire à prolonger un système, où la fraude ravit à l'Etat, plus que l'Etat ne profite par la fabrique. (1)

Ici, s'arrêtent ou se retirent les applaudissemens.

« La fabrication du *sucre indigène* fait quelques progrès ; mais aux dépens du trésor dont elle affaiblit les revenus. »

« Cet état de choses ne saurait être long-temps *toléré* : on ne peut laisser *dépérir* l'impôt sur le sucre. » (p. 27.)

« Son développement est suffisamment encouragé : si la surtaxe tournait à son profit, il en résulterait pour le trésor une perte supérieure à la non-valeur présumée. »

Mais quels blasphêmes, et en nombre et en poids !

Qu'est-ce que cette guerre impie, entre l'accroissement de la richesse et l'affaiblissement du revenu? et que ce triomphe sacrilège de la caisse des recettes sur la mine des produits, de la somme en espèces monétaires, vis-à-vis la masse en valeurs réelles?

Pour quelle cause, le progrès de la fabrication doit-il se limiter, devant l'importance du revenu; lequel revenu ne se nourrit que des fruits de ce progrès.

---

(1) Les primes à l'exportation sont telles que le sucre qui est vendu à Rouen 19 ou 20 sous, donne du bénéfice à vendre dix sous en Allemagne; d'où, le long de notre frontière, il ne coûte que 12 à 13 sous; le sucre exporté avec prime, étant réintroduit en France (*Journal de Rouen* : 8 février.)

Par quel motif, cet état de choses peut-il n'être plus toléré, afin de ne pas laisser dépérir l'impôt : lequel impôt s'amaigrit au contraire, lorsqu'un tel état n'est pas favorisé.

A quel terme, le développement du travail, et l'augmentation de l'œuvre sont-ils suffisamment encouragés ?

En quelle façon, résulte-t-il une perte pour le trésor, du profit qui en dérive ?

Dans quelle vue, ce profit a-t-il à être repoussé devant cette perte ?

C'en est assez, et trop.

Eh ! plutôt, pressez, poussez, non-seulement au moyen des droits d'entrée ; mais encore à l'aide des primes, la fabrication du sucre indigène, dont le nom seul indique tout le prix.

Sauf au point final de son développement, à exercer et taxer ses produits ; car ainsi qu'il est dit dans le rapport, l'impôt sur le sucre est le plus juste en principe.

Et jetez sans mesure et sans terme, jetez de la matière à la terre, à cette matrice de produits ; où tout germe ne manque jamais à être fécondé ; où toute semence ne tarde pas à tourner en une récolte décuple.

Et même peu à peu, remettez la terre en liberté, rendez la terre, à sa faculté d'enfantement de valeurs renaissantes les unes des autres ; en chargeant et rechargeant à l'entrée, l'importation du coton exotique.

De façon que la production des laines et des lins n'avortant plus, délivre le pays d'une rétribution de 40 à 50 millions, et lui garantisse en cas de guerre, l'approvisonnement du marché.

Faites mieux encore : abolissez en totalité, comme l'exemple vous en est donné par votre maître d'école d'outre mer, cette taxe vingtuple de la valeur réelle, qui pèse sur la substance la plus féconde en services de toute sorte; dont l'industrie rurale appliquerait l'emploi fructueux, de manière à se couvrir sous peu, du paiement d'une somme égale en nature de subsides (*Le Ministre*, 1826).

Car c'est en favorisant la production des richesses ou des récoltes, et nullement en réduisant la subvention sur les revenus, que s'accomplira la loi imposée par ces paroles du rapport.

« La propriété divisée et morcelée à l'infini, est parmi nous *le pain du peuple*, et nullement le partage de l'opulence. »

Eh bien, au peuple, il appartient de mettre le pain au four, de tirer le pain du four.

A l'État, il revient de tenir le four au large ouvert, de le tenir chaud à point.

Et cela fait, que l'Etat ne craigne plus de prendre, de prélever sur le pain ainsi obtenu en abondance, le légitime droit du fournier.

Un mot encore : car il faut que le rapport soit scruté d'un bout jusqu'à l'autre.

Ici et toujours dans la vue de prévenir le rehaussement de l'impôt foncier, vient le recensement des cotes existantes.

« Sur un million de cotes foncières, il y en a :

| | | |
|---|---|---|
| 8,000,000 | au-dessous de | 20 fr. |
| 660,000 | ........ de | 30 fr. |
| 640,000 | ........ de | 50 fr. |
| 530,000 | ........ de | 100 fr. |
| 330,000 | ........ de | 300 fr. |
| 56,000 | ........ de | 500 fr. |
| 46,000 | au-dessus de ce chiffre. | |

« Ainsi sur dix cotes, neuf environ représentent un revenu net de 345 fr. au maximum : et c'est en présence d'un tel état de choses que l'on ose traiter la propriété en ennemie. » (p. 12.)

Traiter en ennemie la mère commune, la nourrice du pays, non certes !

Mais n'est-il pas trop commun que les amis ardens perdent, quand les amis plus froids auraient sauvé.

Dans le rapport, il n'est pas même donné à entendre, que ces 10 millions de cotes ne constituent que des chiffons de papier; qui sont adressés, à tel et tel être de chair et d'os, en nombre simple, ou double, triple, quadruple, etc., etc.

Et le papier ne paie pas; l'être seul paie.

Tâchons de suppléer à cette réticence qui porte sur le point le plus important.

La France contient 32 millions d'ames, 8 millions de familles.

Les villes possèdent 2 millions de familles, dont un dixième au plus est propriétaire.

Les campagnes riches sont cultivées en ferme, à prix d'argent; les contrées pauvres sont en grande partie labourées à moitié.

C'était ainsi aux temps anciens.

Or les ventes nationales, n'ont modifié cet état de choses que dans l'est, et quelque peu dans le centre; partout ailleurs, ayant été opérées en corps de ferme.

L'égalité des partages avait lieu jadis parmi les paysans; le progrès des richesses n'a point eu lieu chez eux, sauf sur quelques points.

La propriété n'est morcelée à l'infini que dans les pays vignobles, formant les deux tiers de la France; où elle fait double emploi avec la propriété en terres.

Au sein des campagnes, trois millions de familles propriétaires, et trois millions de prolétaires : telles sont les probabilités.

Et 10 millions de cotes sont à répartir entre 5 millions de cotisables; sous un multiple inégal sans doute, et inférieur quant aux pauvres.

Et néanmoins, comme les forts cotisables sont rares, le rapport doit être de 2 1/2 environ pour les faibles.

Et les 8 millions de cotes au-dessous de 20 fr., appartiennent à 2 millions 500 mille cotisables, au-dessous de 50 fr.

Et les 15 cent mille cotes de 20 fr. à 50 fr., appartiennent à 3 ou 400 mille cotisables, de 60 à 150 fr.

Et sur 10 cotes ainsi réunies, ou sur 10 cotisables, les neuf dixièmes représentent un revenu, non plus au maximum de 343 fr., mais bien à celui de 1,000 et 1,200 fr.

Et les argumens fondés sur d'autres bases, tombent à plat, portent à faux.

Et la connaissance vraie des choses, en se manifestant, anéantit les suppositions gratuites.

Cependant, Dieu garde d'en conclure rien au détriment des petits cotisables, dont un certain nombre reste dans le même état de misère, dont le plus grand nombre, à peine atteint au nécessaire.

Bien au contraire: là on se bornait à les plaindre; ici on ne songe qu'à les servir.

D'abord l'exposition des faits réels, est de nature à lever tant de difficultés opposées au rehaussement de l'impôt foncier.

Puis, l'expérience récente a montré que la perception d'un cinquième en sus, s'était opérée sans obstacle, tandis que l'impôt mobilier a rencontré beaucoup d'opposition.

Enfin, la raison, après une telle épreuve, se confirme dans l'opinion inspirée par la différence des positions respectives, qu'il y a moins à ménager l'idée vraie ou fausse dans les campagnes, que dans les villes.

Il y a plus. La race agricole, y compris la portion la plus aisée, est peu apte à l'appréciation de ses intérêts réels; se laissant saisir par l'apparence et ne résistant point à l'influence du moment.

Dans la chambre de 1824, on n'aspirait qu'au dégrèvement de l'impôt sur le revenu; on ne se souciait nullement de l'allègement des charges et des chaînes imposées à la culture.

De là, surgissent, le devoir, le besoin, le moyen, cette fois ralliés, de sortir de la vieille ornière, où l'on se traîne en 1832, comme en 1826; et d'entrer dans les voies nouvelles qui s'ouvraient sous les pas en 1826, et de même en 1832.

« L'étendue est immense et la population éparse : les fortunes sont chétives, les esprits sont ignares, les caractères sordides : l'impôt indirect subira d'autant plus de faux frais, causera d'autant plus de pertes sèches. Et sa charge ainsi aggravée tombera immédiatement, retombera indirectement sur le propriétaire, le fermier, le laboureur. »

« Il n'est pas vrai que l'impôt foncier atténue les ressources, entrave les progrès de l'agriculture : l'impôt frappe sur le propriétaire et ne pèse point sur le fermier : l'impôt est soustrait au revenu rural et non pas aux profits agricoles. »

« Aussitôt qu'il plaira de soigner les intérêts de l'Etat plutôt que les intrigues du scrutin, et de servir les besoins vitaux de la propriété, au lieu de flatter les aveugles penchans du propriétaire, quelques pas en sens contraire, mèneront aux fins légitimes. » (*Le ministre* : 1826.)

---

DE L'IMPRIMERIE D'A. PIHAN-DELAFOREST,
rue des Noyers, n° 37.

www.ingramcontent.com/pod-product-compliance
Ingram Content Group UK Ltd.
Pitfield, Milton Keynes, MK11 3LW, UK
UKHW020405220726
13923UKWH00004B/1759